RÉPONSE
AU MÉMOIRE

ADRESSÉ A LA CHAMBRE

CONTRE LA COMÉDIE-FRANÇAISE.

La Comédie-Française se doit à elle-même, elle doit surtout à la haute protection qui, constamment, a secondé ses efforts, de répondre nettement à un libelle distribué depuis quelques jours à la Chambre des députés, et dont M. Fauvety s'est déclaré l'auteur.

Elle pourrait dire quelles secrètes jalousies ont inspiré ce libelle, sous quelle triste influence et dans quel intérêt il a été écrit : cette révélation serait, à elle seule, une réfutation suffisante. Elle ne le dira pas. Qu'on sache bien seulement que l'intérêt de l'art n'est pour rien dans toutes ces attaques; qu'il n'a dicté ni ces affirmations passionnées, ni ces jugemens insultans, ni ce langage impoli et sans dignité qu'un écrivain sans autorité a pu seul patroner de sa signature inconnue.

La Comédie-Française ne répondra pas non plus

aux injures de M. Fauvety. A tout prendre, la diffamation ne mérite pas les honneurs d'une polémique sérieuse : c'est à la justice qu'elle doit rendre compte; et ce compte, la justice le lui demandera bientôt.

Mais M. Fauvety cite des faits, il en affirme l'exactitude, il les prend pour bases de ses accusations; à voir ses tableaux statistiques, on pourrait croire qu'il a réellement puisé ses renseignemens à de bonnes sources. La réponse à ces faits, à ces affirmations, à ces tableaux, est donc une nécessité; dans la situation de la Comédie, elle est même un devoir.

Cette réponse sera courte, mais catégorique.

La Comédie-Française, dit M. Fauvety, *veut conquérir un nouveau secours de 100,000 fr.; elle s'est livrée à une foule de manœuvres à l'effet de remporter contre le budget une victoire complète.*

Quelles manœuvres? Quelles manœuvres! répond M. Fauvety; elle a accablé de mille politesses MM. les députés, leurs familles, leurs amis, leurs électeurs! en un mot, elle a corrompu le parlement tout entier, la chambre des députés et la pairie!!! Que dire à cela? Passons.

Au reste, ce secours de 100,000 fr. que le budget demande, que la commission du budget accorde après avoir apparemment bien examiné les choses, voilà ce qui excite la grande colère de M. Fauvety. Il ne veut pas que ce secours soit voté. Selon lui, la Comédie n'en a pas besoin, elle ne le mérite pas; elle a violé sa charte constitutionnelle, mal administré sa fortune, désorganisé avec intention le personnel de son théâtre en refusant ou dédaignant de grands sujets qui auraient ajouté à sa gloire.

L'acte d'accusation est complet. Voyons le fond des choses.

La Comédie a violé le décret de 1812! En quoi donc? En ce qui touche, dit M. Fauvety, *le nombre des sociétaires, la distribution des parts, la réserve pour les pensions.*

Le *nombre des sociétaires* n'a été déterminé par aucune loi. Le décret parle, il est vrai, de la division des recettes en vingt-quatre parts; mais il suffit de lire cette disposition pour se convaincre qu'elle n'a nullement pour objet de préciser le nombre des sociétaires, et cela se conçoit. Aussi, depuis l'origine de la société, ce nombre a-t-il toujours varié.

Ces parts, en effet, se subdivisent en *demi*-parts, en *quarts* de parts... Le nombre des sociétaires n'est donc pas, ne peut donc pas être identique au nombre de parts sociales.

Il n'est que de dix-huit aujourd'hui! Eh! qu'importe? Les premiers sujets du théâtre ne sont-ils pas sociétaires?

Dans une autre partie du libelle, l'auteur ne reproche-t-il pas même aux comédiens d'avoir appelé dans la société ce qu'il appelle des médiocrités? La Comédie

Française ne fait donc pas du titre de sociétaire un privilége si exclusif.

« Mais, dit M. Fauvety, il y a d'autres artistes encore qui pourraient être appelés, si les sociétaires actuels n'avaient pas intérêt à faire le désert autour d'eux. » Il y a d'autres artistes qui pourraient être appelés : oui; mais consentiraient-ils à être élus? Des traités les engagent : voudraient-ils les rompre? le pourraient-ils? L'amour de la gloire est une grande passion sans doute, et c'est un beau titre pour un artiste que celui d'être sociétaire de la Comédie-Française; mais enfin il faut pourtant bien reconnaître que, de nos jours, l'amour des gros appointemens occupe bien une petite place dans les rêves de l'artiste. La fortune d'un rival cause plus d'insomnies que ses lauriers.

M. Fauvety comprend ces objections; mais elles ne l'arrêtent pas. « Des traités existent, rompez-les; des résistances se manifestent, assouplissez-les. Est-ce que le décret de Moscou n'a pas encore toute sa vigueur? et, en vertu de ce décret, tous les artistes dramatiques n'appartiennent-ils pas, corps et biens, à M. le ministre de l'intérieur, comme un serf à son seigneur?... » Ceci est très-beau sans doute; mais l'auteur oublie qu'entre le décret de Moscou et notre temps il y a deux révolutions, deux chartes, l'une octroyée, l'autre conquise, et qu'il est sorti de ces révolutions et de ces chartes deux libertés jalouses, la liberté individuelle, la liberté industrielle, qui riraient fort de ces allures impériales qu'on oserait prendre à leur égard. Vous le voyez, on ne songe pas à tout quand on est en colère.

La distribution des parts n'est pas conforme au décret de Moscou! Sur quoi donc ces parts doivent-elles être prises aux termes de ce décret? Sur *les recettes.* Or, les recettes du théâtre se composent des produits fixes ou éventuels de la scène et de la subvention. C'est donc à cette source qu'il faut demander les parts sociales : c'est précisément ce qui se passe; les budgets du théâtre l'attestent, la loi est donc respectée.

Mais on a décidé que la subvention serait de préférence affectée au paiement des parts! Oui. Eh bien! le décret s'y oppose-t-il? Lorsqu'il a dit que les parts seraient prises sur les recettes, a-t-il empêché de consacrer à ce service telle partie des recettes plutôt que telle autre?

Mais, ajoute-t-on, vous *assurez ainsi la position des sociétaires,.... ils ont* 1,000 *francs par mois qui ne peuvent leur manquer!*... Quel crime abominable! 1,000 fr. par mois, non pas à tous les sociétaires, mais aux plus favorisés d'entre eux! Aux principaux sujets du premier théâtre national, on leur permet de vivre! Mais quoi! n'est-ce donc pas pour cela que la subvention est accordée? L'état, en ouvrant sa caisse, se préoccupe-t-il d'autre chose? devait-il se préoccuper d'autre chose que de l'intérêt de l'art? N'est-ce pas aux chefs-d'œuvre de notre littérature dramatique, n'est-ce pas aux interprètes de ces chefs-d'œuvre qu'appartient exclusivement la subvention ? Et, de bonne foi, est-il possible de protéger l'art en sacrifiant les artistes ? La subvention a donc la destination qu'elle doit avoir, et en cela on ne peut pas dire que le décret a été violé.

Et d'ailleurs où est l'abus ? Les comédiens, dit-on, assurés de leur sort, *laissent tomber la société en ruine et en déconfiture,... ils s'engraissent dans leur paresse et dans leur oisiveté.* Comment! ne sont-ils pas les premiers intéressés au succès de la société ? S'ils pouvaient ressusciter ces temps, cet âge d'or, où la Comédie vivait magnifiquement de ses magnifiques recettes, croit-on qu'ils ne le feraient pas ? Tous les jours on leur jette à la face ces grands souvenirs de gloire et de puissance, et on leur reproche d'y avoir été infidèles. Rendez donc au Théâtre-Français cette puissance impériale qui enrôlait pour lui le talent partout où il se trouvait, qui rendait ainsi tous les théâtres de France tributaires d'un théâtre privilégié, qui ne s'arrêtait devant aucun obstacle et poursuivait la résistance même au-delà des frontières ! Rallumez donc dans les cœurs ce sentiment du beau, ce goût élevé de notre grande littérature, malheureusement énervés ! Rendez-lui donc cette législation qui limitait à huit le nombre des théâtres à Paris, et qui renfermait chacun d'eux dans un genre spécial !

Et si avec ces élémens de richesse, qui ont fait la

fortune de l'ancien théâtre, la Comédie-Française voit encore sa scène désertée, alors, mais seulement alors, il sera raisonnable d'en faire peser sur elle la responsabilité.

Et que parle-t-on d'opulence et d'oisiveté? L'opulence! il n'y a pas un acteur de petit théâtre qui ne soit plus favorisé qu'un sociétaire du Théâtre-Français. Les *feux!* ils ne donnent pas 1,200 francs par an à chaque sociétaire. Les *jetons de présence!* ils n'existent pas. Les *congés!* ils ne sont pas de droit; ce sont des faveurs avant lesquelles passent les besoins impérieux du théâtre. Les *tours de bâton!*... la Comédie s'est fait une loi de dédaigner l'injure. Quant à l'oisiveté, le répertoire ancien et le répertoire moderne répondent.

La réserve pour les pensions. Oui, il est très-vrai que le décret parle de cette réserve; mais sur quoi devait-elle être prise? Sur les recettes, sur les recettes nettes bien entendu, car les dépenses doivent passer avant les réserves. Or, tant qu'on a pu faire la réserve, on l'a faite. Elle n'a été supprimée, au grand détriment des sociétaires, qui en ont plus d'une fois exprimé leur regret, que le jour où l'insuffisance des recettes a prescrit cette nécessité.

Mais la caisse des pensions se trouve ainsi privée d'une ressource qui aurait, avec le temps, augmenté la dotation *de 125,000 francs de rente que la magnificence impériale a accordée au théâtre!*

D'abord la dotation n'est point une dotation, mais une restitution. Cette restitution représente les meubles et les immeubles qui furent enlevés à la Comédie pendant la révolution; elle fut opérée par un décret consulaire de 1802 et non par la *magnificence* impériale. Ensuite cette restitution est de 100,000 francs, et non de 125,000 francs.

Enfin, dans les budgets, la Comédie porte toujours cette rente à l'article de ses recettes, et c'est en n'omettant rien qu'elle justifie l'insuffisance des recettes qui a motivé pour elle la suppression de la réserve.

Cette suppression pèse sur les sociétaires actuels aussi bien que sur les sociétaires anciens. Le jour de la pension viendra pour eux, ils sont donc plus intéressés que personne à en grossir le chiffre.

Mais quelle est donc cette manie de critique insensée! Comment! on s'indigne parce que les membres actifs de la Comédie reçoivent 12,000 francs, et l'on s'apitoierait sur le sort des pensionnaires retraités qui touchent de 5,000 à 7,000 francs!

La Comédie a payé en secours et pensions jusqu'à 189,900 francs par an; elle paie encore aujourd'hui 155,815 francs, et elle n'est pas assez généreuse! et elle sacrifie les services passés aux services présens!

Eh bien! écartez la subvention, et les sociétaires actuels travailleront toute l'année au profit des sociétaires anciens.

Est-ce justice ?

On dit, il est vrai, que ces pensions sont payées avec la dotation. Que veut-on dire ? la dotation ne fait-elle pas partie des ressources générales ? n'est-ce pas avec ces ressources que la Comédie fait face à toutes ses charges, pensions ou autres ? L'objection n'a donc pas de portée ni en comptabilité, ni en moralité.

Au surplus, à quoi bon toutes ces explications ? La Comédie-Française ne s'administre pas seule, elle est placée sous la surveillance d'un commissaire royal chargé de faire respecter les lois. Elle a des comptes à rendre, elle les rend ; sa situation subordonnée couvre donc ses actes.

Cette objection n'embarrasse nullement M. Fauvety. M. le ministre de l'intérieur ne fait pas *son devoir*.

Quant au commissaire royal, il ne fait pas *son métier*.

Et comment cela ? C'est parce que tout bonnement la Comédie a encore corrompu et M. le ministre de l'intérieur et M. le commissaire royal !

Comment a-t-elle corrompu le ministre ? On ne le dit pas ; mais pour le commissaire royal la chose est bien simple. La Comédie lui a dit : On vous donne 6,000 fr. pour me surveiller, je vais vous en donner autant pour ne rien faire. Le commissaire royal a accepté le cumul, et il ne fait rien, par la raison suprême que deux forces égales, opposées, se neutralisent.

Or, c'est là UNE INDIGNE CALOMNIE : la Comédie n'a jamais rien offert à M. le commissaire royal; il n'a donc rien eu à accepter, et il n'aurait rien accepté.

Les appointemens de M. Buloz ont été réglés par un arrêté de M. de Rémusat, ministre de l'intérieur, du 4 octobre 1840. Il ne touche rien, *absolument rien, en dehors de cet arrêté.*

La réponse est donc catégorique. M. Buloz est l'homme de l'administration supérieure et non le fonctionnaire exclusivement dévoué aux intérêts des sociétaires. Donc il a dû surveiller, donc il a surveillé; donc ce serait sur lui comme sur l'administration que devrait reposer toute la responsabilité, si les lois avaient été violées.

La Comédie (voici la seconde objection générale) *ne mérite pas de secours, parce qu'elle a mal administré sa chose.*

Et à ce propos M. Fauvety parle de la dette de la société, de ses fonds secrets destinés aux journaux et aux assureurs de succès, de *feux* payés aux sociétaires, notamment à Melle Rachel, qui recevrait 20,000 fr.

Les dettes de la société. Oui, elle en a, comme toute entreprise dramatique; elle a toujours eu un passif de 100,000 fr. Il y a quinze ou vingt ans ce passif s'est élevé jusqu'à 500,000 fr.! Depuis, tous les services ont été remaniés, des économies notables ont été faites, et aujourd'hui, grace à un amortissement successif et bien entendu, cette dette énorme a été ramenée au chiffre de 197,000 fr., sans y comprendre les mémoires courans, comme en a chaque entreprise dramatique.

Dans cette dette il faut comprendre 51,333 fr., arriéré dû à la liste civile pour la location de la salle, ce qui prouve au moins que le Théâtre-Français paie et veut payer son loyer. La liste civile a seulement consenti, de mai 1843 au 31 décembre 1846, à ne recevoir par mois que 3,000 fr. au lieu de 4,166 fr.; la différence devait être remboursée plus tard, et c'est cette différence accumulée qui constitue aujourd'hui l'arriéré de 51,000 fr.

S'il n'est pas exact de dire que le Théâtre-Français ne paie pas son loyer, il est encore moins vrai qu'il reçoive de la liste civile 25,000 fr. par an pour location de loges; car ces loges sont une des obligations du bail en dehors des 50,000 fr. de loyer.

On le voit donc, la position de la Comédie-Française depuis vingt ans et au milieu de circonstances si défavorables à son développement, est loin de s'être aggravée.

Ses fonds secrets. Où les prendrait-elle? Sur ses recettes nécessairement. Or, elle rend chaque année un compte exact de ces recettes; qu'on voie s'il y figure une somme quelconque à titre de fonds secrets.

Mais elle achète les éloges ou le silence de la presse;

elle paie les assureurs de succès. Cela lui coûte 25,000 fr. par an.

Alors, il faut en convenir, elle est bien mal servie pour son argent. Quel théâtre, en effet, a été plus violemment attaqué que le Théâtre-Français dans ces dernières années? quelles luttes n'a-t-il pas eu à soutenir? luttes de chaque jour, luttes sur les personnes, sur les choses, sur l'organisation, sur l'administration, sur tout en un mot.

Et puis où donc prend-elle de l'argent? Encore une fois, son budget est contrôlé par la société, approuvé par M. le ministre de l'intérieur; M. le ministre pousse, à cet égard, les investigations si loin, qu'il a envoyé naguère un inspecteur général des finances pour examiner toutes les dépenses de la Comédie.

Les feux. Il semblerait qu'il y a une cause de dilapidation grave de la caisse du théâtre. Or, il faut savoir que, de tout temps, les sociétaires ont reçu des feux chaque fois qu'ils jouent. Que reçoit aujourd'hui chaque sociétaire? 10 francs!

Mais Mlle Rachel, à elle seule, dit le libelle, reçoit 20,000 francs de feux! Le libelliste sait bien que cela n'est pas vrai, mais qu'importe? Le chiffre est gros, il frappera donc, et c'est ce qu'il veut. Dans la réalité, Mlle Rachel reçoit 10 francs de feux comme tous les sociétaires, ce qui lui assure par année une somme de **720 francs au lieu de 20,000 francs!**

Son congé n'est pas, comme on l'affirme, de quatre mois, mais de trois mois, et personne n'a rien à voir à cette stipulation, qui est, après tout, la condition d'un engagement.

Maintenant il est facile de rectifier les tableaux inexacts que M. Fauvety a donnés dans son libelle.

1° Il porte (page 21) le chiffre des pensions et secours à . . . . 132,450 fr.

Ce chiffre, qui a été, dans ces dernières années, jusqu'à 189,900 fr., est en réalité de 155,815

Il oublie donc . . . . 23,365 fr.

2° Il porte (page 22) en dépense pour les pensionnaires et dépenses fixes 150,000 fr.

Le chiffre réel est de 383,470

Il oublie donc . . . . 233,470 fr.

3° Il retranche des dépenses de la Comédie le loyer de la salle . . . . . 50,000 fr.

Et ce loyer est payé maintenant à raison de 4,166 fr. par mois; il y a donc à ajouter une dépense de . . . . . . 50,000 fr,

Et ainsi du reste.

Qu'on juge par ces erreurs matérielles de la valeur que peuvent avoir les appréciations morales.

Et voilà comment procède la haine pour déclarer que la Comédie-Française n'a pas besoin des secours de l'état!

En commettant une foule d'erreurs, M. Fauvety n'arrive pas à aligner les dépenses et les recettes.

Que faut-il donc dire maintenant? que ces erreurs rectifiées font ressortir une dépense de 306,835 fr. dont l'auteur n'a pas tenu compte.

Il reste une dernière objection générale à réfuter.

La Comédie a *désorganisé* avec intention, affirme M. Fauvety, *le personnel de son théâtre en refusant ou éloignant de grands sujets qui auraient ajouté à sa gloire.*

Oh! c'est là un éternel refrain contre la Comédie. Refuse-t-elle une pièce, à l'instant cette pièce est élevée à la hauteur d'un chef-d'œuvre; l'accepte-t-elle, c'est une œuvre détestable. On veut bien accorder pourtant qu'une société n'est pas assez folle pour refuser la fortune et accepter la ruine. Comment donc serait-elle systématiquement hostile au talent, favorable à la médiocrité! Ce reproche est insensé.

Parlons des artistes.

Tant qu'ils ne sont pas admis au rang de sociétaires, ils sont doués d'un magnifique talent. On parle bien haut des résistances intéressées des premiers sujets, de leurs jalousies, de leur ingratitude. Sont-ils introduits dans la société, alors ce ne sont plus que des médiocrités impuissantes.

Il y a au théâtre un jeune talent plein de distinction, M. Maillard.

Il y a une actrice dont tout le monde aime le jeu spirituel et fin, Mlle Brohan.

Des sociétaires! ces médiocrités! s'écrie M. Fauvety; la société a vendu cette faveur. Le père de celui-ci protége les voyages en province, celle-là fait prêter de l'argent à la Comédie. Il y a là deux mensonges grossiers; mais qu'importe à M. Fauvety?

Mais enfin quels sont donc les talens repoussés? Où sont ces grandes illustrations qui offriraient au théâtre et gloire et fortune, et que la Comédie s'obstinerait à repousser même alors qu'ils lui apportent et la gloire qu'ils aiment et pour laquelle ils ont tant combattu, et la fortune à laquelle ils ne seraient pas plus insensibles que d'autres, quel que soit d'ailleurs leur désintéressement bien prouvé?

Étrange contradiction! la Comédie est hostile au talent! Elle a cependant accepté Mlle Rachel. Quelles colères, et, nous le disons, quelles justes colères n'aurait-elle pas excitées si elle ne l'avait point accueillie comme elle l'a fait!

Eh bien! M. Fauvety ne comprend pas cela, il *ne s'explique pas comment les comédiens ont pu persister si longtemps à sacrifier à la réputation follement exagérée de*

Mlle Rachel leur amour-propre artistique et les résultats matériels de l'exploitation théâtrale.

Ils savent donc, quand il le faut, sacrifier au talent même leur amour-propre artistique.

La réfutation de toutes les assertions de **M.** Fauvety est dans ce fait. En y réfléchissant un peu, il serait bien possible aussi de trouver, dans cette diatribe insensée que le libelliste lance en terminant contre une artiste éminente, la raison, le mobile de son écrit.

Il est bien à craindre, en effet, que des rivalités, dont il est facile peut-être de percer le mystère, aient inspiré toutes ces diffamations.

Quoi qu'il en soit, la Comédie croit avoir, en publiant cette réponse, rempli un devoir.

Ce devoir rempli, elle n'a plus qu'à rentrer dans le silence qu'elle a toujours opposé et qu'elle opposera toujours aux calomnies dont elle a été si souvent l'objet.

Paris. — Imprimerie GERDES, 10, rue Saint-Germain-des-Prés.

www.ingramcontent.com/pod-product-compliance
Lightning Source LLC
Chambersburg PA
CBHW061615040426
42450CB00010B/2503